Mak in Indonesian

Revised Edition

by Peter Constantine
revised by Soe Tjen Marching

TUTTLE PUBLISHING
Boston • Rutland, Vermont • Tokyo

Published by Tuttle Publishing,
an imprint of Periplus Editions (HK) Ltd.

ISBN 0-8048-3370-2

Printed in Singapore

Distributed by:

Japan
Tuttle Publishing
Yaekari Building 3F
5-4-12 Osaki, Shinagawa-ku
Tokyo 1410032
Japan
Tel: (03) 5437 0171
Fax: (03) 5437 0755
Email: tuttle-sales@gol.com

North America, Latin America & Europe
Tuttle Publishing
Airport Industrial Park
364 Innovation Drive
North Clarendon, VT 05759-9436
USA
Tel: (802) 773 8930
Fax: (802) 773 6993
Email: info@tuttlepublishing.com

Asia Pacific
Berkeley Books Pte Ltd
130 Joo Seng Road, 06-01/03
Singapore 368357
Tel: (65) 6280 1330
Fax: (65) 6280 6290
Email: inquiries@periplus.com.sg

Indonesia
PT Java Books Indonesia
Jl. Kelapa Gading Kirana
Blok A14 No. 17
Jakarta 14240
Indonesia
Tel: (62-21) 451 5351
Fax: (62-21) 453 4987
Email: cs@javabooks.co.id

Contents

Introduction

Making Out in Indonesian is your passport to the living, breathing colorful language spoken on Indonesia's streets. It is the first book that will give you access to the casual, unbuttoned Indonesian that will allow you to express yourself in restaurants, bars, and nightclubs, in crowded marketplaces, and at train stations. Here you will find the warm-hearted language that you can use with friends, and also the rough-and-tumble language you can fall back on when you are ready for a fight.

This brand of Indonesian is both simple and direct. It is spoken mainly in Jakarta but is understood anywhere in Indonesia. It has shed the complex grammatical twists and turns of the highly formal language that textbooks and language courses strive so hard to teach. In fact, travelers who roam the streets of Jakarta with grammars and heavy dictionaries often find that they will not get anywhere at all.

"Why does no-one here understand what I'm saying?" they wonder. "And, what's more to the point, why can't I understand anybody else?" The answer is simple. They have not breezed through *Making Out in Indonesian*—the phrase book that will teach everything anyone needs to know about plain-spoken everyday language.

Making Out in Indonesian will be a useful companion throughout Indonesia, even when traveling in the furthest outbacks. And beyond Indonesia, you will quickly find you can make yourself understood wherever Malay is spoken in Asia: in Singapore, Malaysia and Brunei!

So you want to meet people, make friends, eat out, go dancing, or just take part in friendly chitchat? A quick glance at *Making Out in Indonesian* and you'll have the language at your fingertips.

Information

If you have spent years grappling with the complicated grammatical structures of French, German, Italian or Spanish, you will find Indonesian, especially the informal version in this book, a joy. There are no complicated tenses to learn, no irregular verbs, no nouns with masculine, feminine, and neuter, single or plural forms, no conjunctions and declensions.

The easy-going language spoken today on Indonesia's streets evolved from the simple Malay pidgin that developed over the centuries as traders from hundred of ethnic groups mixed and mingled, from southern Thailand and Singapore all the way down the Indonesian archipelago to Irian Jaya. In the early Middle Ages, the Arabs and Persians flooded the language with their own vocabularies, as did the Moluccans, the Sundanese, the Javanese and later the Portuguese, the Dutch, and the British. By the nineteenth century, Bazaar Malay—*Melayu Pasar*—was in full swing, a Malay filled with exotic phrases that could be strung together freely without the complex derivation and inflection affixes of the formal language that was spoken at the court of the Malacca Sultanate.

Today's Indonesian slang has kept much of the simple directness of the old street lingo:

Lu udah makan? (You already eat?)
Have you eaten?

Belum makan. (Not yet eat.)
I haven't eaten yet.

Mau makan? (Want eat?)
Do you want to eat?

Ya, mari pegi! (Yes, c'mon go.)
Yes, let's go!

Kami pegi ke restoran? (We go to restaurant?)
Shall we go to a restaurant?

Nggak, pegi kemarin! (No, go yesterday!)
No, we went yesterday!

Verbs

In casual colloquial Indonesian, verbs do not change their form. *Mau* (want), *ada* (have), *pergi/pegi/cabut* (go), *makan* (eat), or *minum* (drink), for instance, will remain invariable.

gua mau	(I want)
lu mau	(you want)
dia mau	(he/she wants)
kami mau	(we want)
kalian mau	(you want)
mereka mau	(they want)

Past, present, and future tenses are not differentiated: *Gua pegi* (I go) can also mean "I am going," "I went," "I was going," "I would go," "I would have gone," "I will go," or "I will be going."

If you wish to be more specific as to when something happened, you can add words that clarify the time frame in place of verb tense. Some of these more common words are:

kemarin	yesterday
udah/dah	already
tadi	earlier
sekarang	now
akan	will
nanti	later
besok	tomorrow

Personal Pronouns

I

In formal Indonesian, the words for "I" are *saya* and the more casual *aku*. In Jakarta slang, however, the Hokkien Chinese words *gua* and *gue* are used interchangeably. In this book, *gua* is used for the most part, except in the sections MAKING FRIENDS and LOVERS' LANGUAGE, as Indonesians from all walks of life prefer to use more formal and elegant language in romantic situations and with people they meet for the first time. If you are not sure which "I" to use and want to be more rather than less polite, use *saya*.

You

The word "you" has even more guises in formal Indonesian. *Tuan* (sir) and *nyonya* (madam) are too punctilious for casual speech, as are the respectful terms *bapak* or *pak* (the Indonesian word for "father"), *ibu* or *bu* (the word for "mother"), and *saudara* (the word for "brother/sister"). *Anda* is a polite word for "you" that is equivalent to the French *vous* or the German *sie*, and *kamu* is equivalent to the less formal French *tu* or the German *du*.

The most casual word for "you" in Indonesian is *lu* (or *elu* or *lo*), the word used throughout this book. But an important feature of Indonesian is that pronouns can be left out when the context is clear.

Lu mau itu?	You want that?
Mau itu?	(You) want that?
Mau?	(You) want (that)?
Gua pegi ke bar!	I'm going to the bar!
Pegi ke bar!	(I'm) going to the bar!

Pronunciation

Vowels

    a as in *car*
    e as in *get*
    i as in *hit*
    o as in *bob*
    u as in *put*

Note: Indonesian words ending in "a" can be pronounced either like the *ah* sound in *car* or the *ay* sound in *hay*.

Consonants

b as in **b**ig
c as in **ch**ild
d as in **d**ig
f as in **f**ig
g as in **g**o
h as in **h**it

The *h* sound is not pronounced when it appears between two vowels in the middle of a word: *lihat* ("to see"), for example, is pronounced *liat*. When *h* appears at the end of a word as in *udah* ("already") or *basah* ("wet") it is pronounced by some native speakers as a short puff of air, while others leave it out entirely.

j as in **j**ob
k as in **k**ing

When *k* appears at the end of a word it is pronounced as a glottal stop. Some speakers will often disregard it completely in quick speech: *nggak* ("no," "not") is often pronounced *ngga*.

kh as in the Scottish *lo**ch***
l as in **l**ike
m as in **m**y
n as in **n**o
ny as in ca**ny**on
p as in **p**en
r trilled like the Italian *r*
s as in **s**oft
t as in **t**oy
v as in **f**ig
w as in **w**ood
y as in **y**ear
z as in **z**ebra

Stress

In Indonesian, words are not stressed as strongly as they are in English, but depending on what part of Indonesia the speaker is from, the accent might fall on the next to last syllable (as, for instance, with Sumatran speakers) or the final syllable (Javanese).

Following some of the examples in the book you will see additional words in parentheses. These are phonetic spellings that more closely approximate the way the word sounds in everyday speech. For example, the "e" in pelan is weak; thus the word actually sounds more like plan.

Go slowly.   Pelan-pelan.
                                   (*plan-plan*)

Note: For those examples where more than one Indonesian translation is provided, the phrases are listed in order from the most polite to the least polite.

What's Up? 1

Hello! Hi!	Hai! Hey!
What's new?	Apa kabar? 'Pa kabar?

Literally meaning "What news?" *Apa kabar?* and its more casual version, *'pa kabar*, can be used to cover all kinds of greeting such as "Hi, there!" "How are you?" "How are things going?" or "How are you doing?" *Baik* (good) is the answer that covers English expressions like "Things are fine," "I'm fine," "I'm fine," and "She is fine."

Hello!	Halo!
What's up?	Gimana aja?
Where've you been?	Ke mana aja?
Long time no see.	Lama tidak ketemu. Lama nggak ketemu.
How's he/she?	Gimana dia?
He's/She's okay.	Dia baik. Baik.
So-so.	Biasa-biasa aja. Biasa aja.
What's new with John?	Gimana kabarnya John? Gimana John?

John's okay.	John baik.
He goes out all the time.	Dia keluar terus. Dia pegi doang.
Nothing much.	Nggak ada apa-apa. Nggak apa-apa.
What's wrong?	Kenapa? Ada apa?
What's wrong with you?	Kenapa denganmu? Ngapain lu?

Nothing.	Nggak apa-apa.
What are you doing here?	Lagi ngapain disini? Lagi ngapain?
I'm just hanging out.	Iseng-iseng aja.
It's none of your business!	Bukan urusan kamu!

Leave me alone!	Pergi sana!
Go away!	Pegi/Gi sana!

At the beginning of the sentence, the word *gi* is sometimes used for *pegi*.

Note: In informal Indonesian conversation, the listener will often respond with colorful interjections, much like speakers of English will use "No!" "Are you serious?" "Really?" "You are kidding me!" or "Please!"

Really?	O ya?
No!	Masa!
	Ah masa!
Is that so?!	Masa?!
What?	Apa?
I don't believe you!	Bohong!
	Ah bohong!
Huh?	Hah?
How come?	Kok bisa begitu?
	Kok bisa?
Why?	Kenapa?
Why not?	Kenapa nggak?
Are you serious?	Sungguh?
	Serius nih?
You're joking!	Bercanda (*berchanda*) lu!
You're crazy!	Gila lu!

Remember that the final *a* in words ending in "a" can be pronounced like *a* as in *car* or *ay* as in *hay*.

Shit!	Taik!
That's right.	Ya.
Okay!	Oke!
Absolutely.	Sip.
Definitely.	Pasti.
Sure.	Tentu.
It's true.	Bener deh. La dong.
That's it.	Nah itu dia.
I guess so/ It might be true.	Kayaknya begitulah (bgitullah).
Maybe not.	Mungkin nggak.
That's impossible.	Nggak mungkin.
Bullshit! Literally, "Dog shit."	Tai anjing!

I don't care.	Aku nggak mau tau. Masa bodoh.
I'm not interested.	Gua nggak tertarik.
I think that's it!	Kupikir juga!
I think so too.	Kupikir juga begitu.
Me too.	Gua juga.
Oh, I see!	Oh, begitu!
Yeah, I get it.	Ya, gua ngerti.
No problem!	Nggak ada masaiah! Nggak masaiah!
I liked it/ I enjoyed it.	Gua senang.
Right on!	Ya!
Great!	Hebat!
No worries!	Boleh!
Okay!	Oke lah!

What a pity!	Sayang! Kasihan!
Too bad!	Sialan.
I hope so.	Gua harap begitu.
It's risky!	Wah, riskonya berat! Resiko nih!
Go for it!	Lakukanlah! Jalankanlah!
Cheer up/ Don't be sad.	Jangan sedih.
Calm down.	Tenang. Kalem.
Relax.	Rileks.
Never mind.	Nggak apa-apa. Ndak 'pa-pa.

Got a Minute?

One moment.	Sebentar.
	Bentar.
Till when/ How long?	Sampai kapan?
About when?	Kapan kira-kira?
What time/ About what time?	Pukul berapa *(brappa)*?

Is it too early? Nggak kecepatan?

Literally, "not too fast?" *Nggak kecepatan?* can also mean "Am I too early?" "Was I too early?" etc.

Is it late/ Are we late? Telat?

Literally, "Late?" *Telat?* can also mean "Am I late?" "Was I late?" or "Is he late?" John *telat?* for instance, can mean either "Is John late?" or "Was John late?"

When is it okay for you?	Kapan waktu yang baik?
	Sebaiknya kapan?
How about tomorrow?	Gimana kalau besok?
How about the day after tomorrow?	Gimana kalau lusa?

When can you make it? Kapan lu bisa?

Literally, "When can you?"

What time can I come over?	Kapan aku bisa datang?
	Kapan gua bisa mampir?
What time do we leave?	Jam berapa kita pegi?
What time do we arrive?	Jam berapa kita sampe?
Are you ready?	Udah siap?
When will you do it?	Kapan mau lu kerjain?
	Kapan mo lu garap?
How long will it take?	Berapa lama?
Maybe later.	Mungkin nanti.
	Mungkin entar (ntar).
Soon.	Secepatnya.
	Segera.
Not now.	Nggak sekarang.
Last time.	Dulu.

At the beginning of the sentence, *dulu* means "last time." For instance, *Dulu, saya makan* means "I ate last time." However, at the end of the sentence, *dulu* means to be doing something before something else. For instance, *Saya makan dulu* means "I will eat first." In a negative sentence, *dulu* means "yet." For instance: *Jangan makan dulu* means "Don't eat yet."

Next time!

Nanti.
Lain kali.

I don't know when.

Nggak tau kapan.

I don't know now.

Nggak taulah?

I'm not sure.

Nggak tau tuh.

I'm not sure yet.

Gua belum tau.

Someday.

Lain hari.

Sometime.

Kapan-kapan.

Any time's fine.

Kapan aja.
Kapan-kapan aja.

Always.

Selalu.

You decide when.

Lu tentukan kapan.

Whenever you want.

Kapan aja lu mau.

Okay, let's meet then.	Okey, kita ketemu nanti.
Let's begin!	Ayo.
Let's go/ Let's start!	Yuk!
Let's ...	Ayo ... Yuk ...
Hurry up!	Cepat dong! Buruan nih!
Let's continue.	Yuk kita terusin.
Let's do it later.	Kerjain aja nanti. Nanti aja.*

* Also "Do it later," "You do it later" or "He'll do it later."

I'll be quick.	Gua bakal cepat. Gua bakal buruan.
I'll do the work soon.	Gua kerjain secepatnya. Gua garap segera.

I'll finish soon.

Gua selesaiin secepatnya.
Gua beresin segera.

I finished.

Gua udah beresin.
Dah beres.

Finished?

Udah?
Beres?

Hey There! 3

Listen.	Dengerin.
Listen to me.	Dengerin gua?
Don't listen.	Jangan dengerin.
	Jangan diacuhin.
	Acuhin (*achuhin*) aja.
Did you hear me?	Denger apa nggak?
	Denger gua nggak?
Do you understand me/ Did you understand me/ Do you understand what I'm saying?	Ngerti lu?

I don't understand.   Gua nggak ngerti.

This can mean "I can't understand," "I didn't understand," or "I couldn't understand," as well as "I don't understand."

I can't understand him/her.	Gua nggak ngerti dia.
What are you saying?	Apa kata lu?
What do you mean?	Apa maksud lu?
I don't understand what you're saying.	Gua nggak ngerti maksud lu.

What are you talking about?	Ngomong apa sih lu?
You shouldn't say things like that.	Kamu naggak mesti ngomong gitu. Lu mestinya nggak ngomong gitu.
Don't say such things.	Jangan ngomong gitu.
You said that, didn't you?	Lu ngomong gitu, kan?
I didn't say anything.	Gua nggak ngomong apa-apa.
Let's talk Indonesian.	Mari kita ngomong bahasa Indonesia.* Yuk kita ngomong basa Indonesia.

* Sometimes *bahasa* is pronounced as *basa*.

You speak Indonesian?	Bisa ngomong bahasa (*basa*) Indonesia?

Let's talk Jakarta slang.	Mari kita ngomong bahasa Jakarta. Yuk kita ngomong basa Jakarta.

Let's chat in Jakarta slang.	Mari kita ngobrol bahasa Jakarta.
	Yuk kita ngobrol basa Jakarta.
Let's talk some more.	Ayo kita terus ngobrol.
Let's talk later.	Kita ngobrol lagi nanti.
It's true.	Bener deh.
	La dong.
Let's talk about it later.	Kita ngobrol tentang itu nanti.
I don't want to talk.	Aku nggak mau ngomong.
	Gua nggak mo ngomong.
I don't want to talk with you.	Gua nggak mau ngomong (*mo*) sama lu.
I don't want to talk about it.	Gua nggak mau ngomong tentang itu.
Don't make excuses.	Jangan banyak alasan.
	Jangan banyak cing-cong (*ching-chong*).
That's not a good excuse!	Nggak bisa begitu!
It can't be like that.	Ah, itu cuma alasan!
Oh, it's only an excuse.	Alasan doang!
Stop complaining.	Jangan komplen.
Don't talk so loud.	Jangan bicara keras-keras.
	Pelan-pelan, dong.

These can also mean "Don't speak so fast."

Speak up.   Ngomong yang keras
                                 (krass).

What?   Apa?

Say it again.   Coba *(choba)* ulang.
                                 Ulang, dong.

Look at That!

Look at that.	Lihat itu.
Don't look.	Jangan lihat.
Do you see it/that?	Kelihatan? Lu liat itu?

I see it/ I saw it.	Gua lihat.
I can see it.	Gua bisa lihat.
I can't see it/ I didn't see it.	Gua nggak lihat.
I don't want to see it.	Gua nggak mau lihat.
Did you see John?	Lihat John? Ketemu John?

I want to see you soon.	Gua mau ketemu lu lagi.
I'm meeting John/ I met John.	Gua ketemu John.
I'll meet John.	Gua bakal ketemu John.
Well, we meet again!	Hey, kita ketemu lagi! Hey, ketemu lagi!
Where've you been?	Kemana aja lu? Kemana aja? Dari mana aja?

Coming and Going 5

Come here.	Sini.
Come over here.	Datang, dong.
	Mampir, dong.*
* Also, "Come over to my house."	
Come later.	Datang nanti.
Can you come?	Bisa datang?
Come with me.	Yuk ikut gua.
	Yuk pegi sama gua.*
* Also, "Let's go together."	
He's/She's coming here.	Dia datang kemari.
	Dia mampir sini.
I'll come over soon.	Gua datang, sebentar.
I can go.	Aku bisa pegi.
	Gua bisa cabut.*
* Literally, "I can pull out."	
I think I can go.	Kupikir aku bisa pergi.
	Kupikir gua bisa cabut.
I can't go.	Aku nggak bisa pegi.
	Gua nggak bisa cabut.
I want to go.	Aku mau pegi.
	Gua mo cabut.

I want to go to Jakarta.	Aku mau ke Jakarta. Gua mo ke Jakarta.
I really want to go.	Gua benar-benar *(bnar-bnar)* mau pegi.
I don't want to go.	Aku nggak mau pegi. Gua nggak mo cabut.
I really don't want to go.	Gua benar-benar nggak mau pegi.
You're going, right?	Lu pegi, kan?
I'm going/ I went.	Gua pegi.
I'm not going/ I didn't go.	Gua nggak pegi.
Don't go!	Jangan pegi!
Don't go yet!	Jangan pegi dulu!
I must go now.	Gua mesti pegi sekarang.
May I go?	Boleh gua pegi?

Shall we go?	Kita pegi?
Let's go!	Yuk! Ayo!
Let's get outta here!	Yuk kita pegi! Ayo kita pegi! Yuk cabut!

I'm leaving soon.	Sebentar lagi aku pegi. Bentar lagi gua cabut.
He/She has left.	Dia udah pegi.
He/She has gone home.	Dia udah pulang.
Stay here.	Jangan pegi dulu!* Tunggu.

* Literally, "Don't go yet."

Where are you going?	Mau ke mana?
Please go first.	Lu duluan. Duluan aja.

Thanks.	Terima kasih.
	Makasih.
	Trim.
You're welcome.	Makasih kembali.
	Sama-sama.
Go slowly.	Pelan-pelan (*plan-plan*).
Don't be too fast.	Jangan cepat-cepat.
Don't be in a hurry.	Jangan keburu-buru.
	Jangan buru-buru.

Food 6

I'm hungry.	Gua lapar.
I'd like to eat something.	Gua pengen makan sesuatu.
I haven't eaten yet.	Gua belum (*blum*) makan.
Do you want to eat?	Lu mau makan? Mo makan?
Have you eaten?	Lu udah makan? Udah makan? Dah makan?
What do you want to eat?	Mau makan apa?

I'm thirsty.	Gua haus.
I want to drink some water.	Gua mau minum air.
I want to drink some beer.	Gua mau minum bir.

I don't want to drink.	Gua nggak mau minum.
How about the day after tomorrow?	Gimana kalau lusa?
I haven't drunk anything yet.	Gua belum (*blum*) minum apa-apa.
Do you want to drink something?	Mau minum apa?
Do you want to drink some more?	Mau minum lagi?
Thank you, but I still have some.	Terima kasih, masih ada. Makasih, masih ada.

C'mon, drink some more.	Ayolah, minum lagi.
I want to buy you a drink.	Gua mau traktir lu minum.
I want to wash my hands.	Gua mau cuci tangan.
Have you ordered?	Udah pesan? Dah pesan?
How about some food?	Mau makan-makan?
Is the meal ready?	Makanannya udah siap? Makanannya dah siap?
Yeah, it's ready!	Ya, udah siap. Ya, dah siap.
Try this.	Cobalah (*chobala*) ini.
Taste this.	Cicipi (*chichipi*) ini.
That looks delicious.	Kelihatannya enak.

That's smells good.	Baunya enak.
Give me some more.	Minta dong. Bagi dong.
Enough.	Cukup (*chukup*).
Enough?	Udah cukup? Dah cukup?
I'd like more.	Gua mau lagi. Gua masih mau.
I'm full.	Gua kenyang.
Wow, that's hot!	Wah, panas!

Panas is used to indicate the temperature, not the spiciness, of the food.

Wow, that's spicy!	Wah, pedas!
I can't eat that.	Gua nggak bisa makan itu!
It's much too spicy.	Kepedasan.
Is this tasty?	Ini enak?
It's tasty.	Enak.
It's not good.	Nggak enak.
It tastes like shit.	Rasanya kayak taik.
You have to unwrap that.	Harus dikupas dulu.
You can't eat the outside.	Bungkusnya nggak bisa dimakan.

Throw away the banana leaf.

Buang bungkusnya.

Many Indonesian dishes come wrapped in banana leaves.

What's that.

Apa itu.

What's it called?

Namanya apa?

I Like It 7

I like it.	Aku suka ini. Gua doyan ini.
I like that.	Aku suka itu. Gua doyan itu.
I really like it?	Gua doyan sekali.
I don't like it.	Gua nggak doyan itu.
I don't ready like it.	Gua nggak begitu doyan.
I don't like it at all.	Gua nggak doyan sama sekali.
No, thanks.	Nggak, terima kasih. Nggak, makasih.
I want ... (noun)	Gua mau ... (noun)
I don't want ... (noun)	Gua nggak mau ... (noun)
I don't need that.	Gua nggak perlu itu.
I'm busy.	Gua sibuk. Sibuk gua.
I'm happy.	Gua senang. Senang gua.
I'm glad to hear that.	Gua senang dengar itu.

I'm sad.	Gua sedih.
	Sedih gua.
I'm fine.	Gua baik-baik aja.
	Gua oke-oke aja.
I'm mad.	Gua marah!
I'm mad at you!	Gua kesel dengan lu!
I'm ready.	Gua siap.
I'm tired.	Gua capek.
I'm sleepy.	Gua ngantuk.
I'm bored.	Gua bosan.
I'm surprised.	Gua kaget.
I'm drunk.	Gua mabok.
Thank God!	Syukur!
Thank Allah!	Alhamdulillah!
I feel sick.	Gua sebel.

This makes me sick!	Nyebelin!
I'm disappointed.	Gua kecewa.
I'm worried/ **I was worried.**	Gua kuwatir.
I can.	Gua bisa.
I can do it.	Gua bisa kerjain itu.
I can't.	Gua nggak bisa.
I can't do it.	Gua nggak bisa kerjain itu.
Can you?	Lu bisa?
Can you do it?	Lu bisa kerjain itu?
Can't you do it?	Lu nggak bisa?
Damn you!	Sialan lu!
Oh, shit.	Sialan.

This phrase might be used when you are feeling angry about something that has happened.

Sorry, I can't.	Maaf, gua nggak bisa. Sorry, gua nggak bisa.

I gotta do it.	Mesti gua kerjain. Gua mesti.
I'll do it.	Gua bakal kerjain. Bakal gua kerjain.
I'm tired of it.	Gua bosan.
I understand.	Gua ngerti.
I understand very well.	Gua benar-benar ngerti.
I think I understand.	Gua pikir gua ngerti.

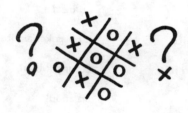

I don't understand.	Gua nggak ngerti.
I don't understand very well.	Gua kurang ngerti.
I don't really understand.	Gua nggak begitu ngerti.
I don't understand at all.	Gua nggak ngerti sama sekali.
I know.	Gua tau.
I know that person.	Gua kenal dia.
Do you know that?	Lu tau itu?

Oh, you know that.	Ah, lu tau itu.
I don't know/ I didn't know.	Gua nggak tau.
I don't really know.	Gua nggak begitu tau.
You know that, don't you?	Lu tau itu, kan?
Let me think about it.	Cobalah *(chobala)* gua pikir-pikir dulu. Gua pikir dulu, ya.*

* Literally, "I will think about it first." In this sentence, *dulu* means to be doing something first.

I'll think about it.	Gua masih mikir-mikir. Gua pikir-pikir.
I'm so confused.	Gua bingung.
I made a mistake.	Gua bikin kesalahan. Sibuk gua.
Am I right?	Gua benar, kan? Benar gua, kan?
Am I wrong?	Gua salah?

Curses and Insults 8

Anything wrong?   Ada apa.
Ada yang nggak beres?

What do you want?   Mau apa lu.

**Why are you looking
at me?**   Kenapa sih ngelihat gua?

What are you staring at?   Ngapain lu lihat-lihat?

Excuse me?   Apa kata lu?

What did you just say?   Hah?

What?   Apa?

You're crazy!

Lu gila!
Gila lu!

Think!
This means "Don't be an idiot!"

Mikir dong!

Don't joke with me!

Jangan becanda dengan gua!
Jangan becanda lu!

You liar!

Bohong lu!

Stop it!

Diam!
Diam lu!
Diam dong!

These expressions also mean "Shut up!"

Shut up!

Diam!
Tutup mulut!

What did you do that for?

Kenapa lu begitu?

Shit!

Taik!
Tai!

Fuck!

Ngentot!

Fuck you!

Ngentot lu!

Fuck!

Ewe jero!

This is a Sundanese expression that means "Fuck deep." It can be shouted as an insult, or used as an expletive said to oneself when something goes wrong, as in "Oh fuck!"

Asshole!

Pantat!

Calling someone *pantat* "anus," implies that the person is both an idiot and underhanded in action and thought.

You're an asshole!

Pantat lu!

Fool!

Tolol!

Idiot!   Goblok!

Goblok is a Javanese word that is popular in Jakarta as a more potent alternative to the Indonesian word *tolol* "fool."

Dick!   Kontol!

Kontol is a dangerously rough word for "penis" (use with care).

Cunt!   Memek!
Nonok!

Careful, in Indonesia calling a woman a *memek* or *nonok* is an even more trenchant insult than the English equivalent.

Your dirty dick/   Anumu kotor!
   Your dirty cunt!

Anu is a general term which refers to the sexual organs of both men and women.

Leave him/her alone!   Biarin aja dia sendirian!

Leave it alone!   Biarin aja!

Leave me alone!   Jangan ganggu saya!
Literally, "Don't bother me!"

Go away!   Pegi!
Gi sana!*

* Literally, "Go there!"

Did you hear me?	Lu dengerin gua, nggak?
Are you listening?	Dengarin?
Enough!	Cukup (*chukup*)!
Give it back!	Kembalikan sini!
Give it to me.	Kasih sini.
Thief!	Maling!
You thief! Literally, "Basic thief."	Dasar maling!
Come here!	Sini!
You talk too much!	Cerewet (*chrewet*) lu! Crewet!
Son of a bitch!	Haram jadah!
Narrow-minded.	Picik.
You're tight-fisted!	Pelit! Pelit lu!
He/She is stingy.	Dia pelit.
Hick!	Kampungan!
Shorty.	Cebol.
Skinny.	Keceng. Kerempeng.
Fat-assed. Only said of women.	Gede pantat. Pantat gede.

You have a fat ass.	Pantat lu gede.
Coward!	Pengecut!
You're a total idiot!	Goblok lu!
You're a jerk!	Tolol lu!
You're ugly!	Dasar jelak! Jelek lu!

Dasar jelek literally means "basic ugly" and *jelek lu* "ugly you."

You faggot!	Bencong lu! Dasar bencong! Homo lu!*

* *Homo* entered Indonesian slang as a truncated version of the Dutch word *homosexueel,* and on Jakarta's streets, it is considered more insulting than the local term *bencong.*

White boy!	Bule! Bule lu! Dasar bule!*

* *Bule* is an acceptable word for white person that can take on a nasty twist, depending on the tone of the voice. Stronger anti-Caucasian insults are *babi bule* "white-skinned pig," *anjing bule* "white-skinned dog" and *monyet bule* "white-skinned monkey." A harsh insult used to discriminate against Chinese is *cikin,* and *anjing sipit,* literally "slit-eyed dog," is also used for Japanese.

Pervert.   Bajingan.

The *bajingan* (from the Indonesian word *bajing*, "squirrel") usually molests his victims on crowded buses and trains. This word can also be used to describe a gangster or thief.

You pervert!   Bajingan lu!

SPECIAL INDONESIAN INSULTS

You're dirty!   Jorok lu!

You piece of garbage!   Sampah lu!
                                Dasar sampah!

Don't show off!   Jangan sombong lu!
                                Jangan nampang lu!

Your mother's vagina!   Puki-mak-mu!*
                                Pukima!

*An expression originating in northern Indonesia, this is also used in some areas of the Philippines.

Go away, fuck your   Pegi sana, entot mak lu!
    mother!

You testicle!   Biji lu!
Literally, "You seed!"

Total prostitute!   Dasar perek!
Dasar is the Indonesian word for "basic."

Dog!   Anjing!

Pig!   Babi!

Rat!   Tikus!
                                Cecurut!
                                Curut!

Monkey!   Monyet!*
                              Munyuk!
                              Kunyuk!

* The Indonesian word *monyet* "monkey" and its Javanese synonym *munyuk/kunyuk* are fairly strong insults, so handle with care.

Bloody hell!   Amit-amit!

Die!   Mampus!
                              Modar!*

* *Modar* is a Sundanese expression used in Indonesian slang as a more emphatic way to say "Drop dead!"

You die!   Mampus lu!
                              Modar lu!

I kick your testicles!   Gua sepak biji lu!
                              Gua tendang biji lu!

Damn!   Dasar!
Literally, "Basic."

Satan!   Setan!
                              Iblis!

Bastard!   Bangsat!

Literally, a kind of insect. However, *bangsat* is a strong insult in Indonesian, so handle with care.

Oh shit!   Sialan!

Literally, "Unfortunate."

Note: *Setan, dasar,* and *sialan* are used in Indonesian as "damn," "shit" or "fuck" might be used in English.

Street Fighting

Do you know who I am?   Lu tahu siapa gua?
This is a typical tough prelude to a fist-fight.

Don't touch me!   Jangan sentuh gua!

I'm really mad!   Gua kesel banget!

I hate you!   Gua benci lu!

I'll kill you!   Gua bunuh lu!

Have you finished   Sudah selesai ngomong?
(speaking yet)?   Sudah ngomongnya?

You've gone too far!   Kelewatan lu!

You wanna fight me?   Berani lu sama gua?

Let's fight!	Ayo berantem!
I'm gonna punch you!	Gua pukul lu!
I'm gonna kick your ass!	Gua sepak pantatmu! Gua tendang pantat lu!
Ouch!	Aduh!
Don't!	Jangan!
You're hurting me!	Lu nyakitin gua!
Help!	Tolong!
Don't hit me!	Jangan pukul gua!
You deserve it!	Rasain lu!* Rasain!

* Literally, "You feel it."

Stop!	Stop!
Stop bothering me!	Jangan ganggu gua!
You're right!	Bener lu!
I'm wrong!	Gua salah!
Forgive me!	Maapin gua!

I forgive you!	Gua maapin lu!
I can't forgive you!	Gua nggak bisa maapin lu!
Okay, you win!	Oke, lu menang!
Okay, I lose!	Oke, gua kalah!
Relax!	Rileks!
Don't do it again!	Jangan ulangi lagi!
Say you're sorry!	Bilang maaf!
	Bilang maap!
Sorry!	Maaf!
	Maap!

Making Friends

10

When meeting people for the first time, it is safer to use a more formal, elegant Indonesian—one wants, after all, to make a good impression. If you are not sure and want to err on the side of politeness, use *saya* for "I."

After each English sentence, the Indonesian examples are listed, where appropriate, with the more polite speech level first and less polites ones following.

Having a good time?	Gimana, senang?
You look like you're having fun.	Kelihatannya senang.
Yeah, I'm having fun.	Ya, saya senang. Ya, aku senang.
You come here often?	Sering ke mari? Sering ke sini?
Are you by yourself?	Sendirian?
May I join you?	Boleh kutemani? Perlu ditemani?
You're so beautiful.	Kamu manis sekali. Kamu cakep* sekali.

* The word *cakep* can be used for both male and female.

You're handsome.	Anda ganteng. Anda cakep.*

* The word *cakep* can be used for both male and female.

May I treat you?   Boleh kutraktir?

Would you like to sit down?   Mau duduk?

What's your name?   Siapa nama anda?
Siapa nama kamu?
Siapa namamu?

My name is ...   Nama saya ...
Namaku ...

What did you say?   Apa kata anda?
Apa katamu?

Sorry, this seat is taken.   Maaf, sudah ada orangnya.*
Maap, udah ada orang.

* Literally, "Sorry, there's already a person."

Where are you from?   Dari mana anda?
Dari mana kamu?

I'm from ...   Saya dari ...
Aku dari ...

Where do you live?   Tinggal dimana?
Dimana kamu tinggal?

I live in ...	Saya tinggal di ... Aku tinggal di ...
How old are you?	Berapa umur anda? Berapa umurmu?
Are you a student?	Anda mahasiswa? Kamu mahasiswa?
What hobbies do you have?	Apa hobi anda? Apa hobimu?
I like ...	Saya suka ... Aku suka ...
movies	film biskop

sports	sport olah-raga
tennis	tenis
swimming	berenang
golf	golf

exercise	fitnes
music	musik
travel	pesiar
dancing	dansa
	jojing
	joget

What music do you like?	Suka musik apa?
You know this song?	Tahu lagunya?
I know it.	Tahu.
	Tau.
I don't know it.	Tidak tahu.
	Nggak tau.
Wanna dance?	Mau dansa?
	Mau jojing?
	Mau joget?
	Mau turun?*

* Literally, "Wanna go down?"

I can't dance.	Saya tidak bisa dansa. Aku ndak bisa jojing.
I'm not in the mood.	Saya segan. Aku segen.
You dance well.	Anda berdansa baik. Kamu jojing baik.
Do you want to go somewhere else?	Mau pegi kemana?
Where shall we go?	Kemana kita?
Let's party!	Kita berpesta yuk! Kita pesta yuk!
Let's get drunk!	Mari kita mabuk-mabuk! Mabok-mabok yuk!
What are you drinking?	Sedang minum apa? Minum apa?
This is my first (second).	Ini yang pertama (kedua).
This is already my third (fourth/fifth).	Ini sudah yang ketiga (keempat/kelima).

Well, drink some more!	Ayo! Minum lagi!
You need to drink more!	Anda masih harus minum! Kamu masih harus minum!
You're a hearty drinker!	Anda minumnya kuat! Kamu minumnya kuat!
I think you've had enough.	Sudah cukup. Dah cukup.
Maybe you should stop drinking.	Mungkin anda harus berhenti minum.
Stop drinking!	Berhenti minum! Stop minum!

Are you okay?	Gimana? Kamu nggak apa-apa?
When do you have to be back home?	Jam berapa anda harus pulang?
What time are you leaving?	Mau pegi jam berapa?

It depends.   Tergantung,

Don't go yet.   Jangan pegi dulu.

Let's have a good time!   Bersenang senang, yuk!
                                   Senang-senang, yuk!

What shall we do?   Mau apa kita?

What's next?   Mau apa lagi?

It's up to you.   Terserah anda.
                                   Terserah kamu.

Do you want to come to   Mau pegi ke tempat saya?
my place?   Mau pegi ke tempatku?

I'm not sure.   Nggak tahu ya.

Just to talk.   Kita gobrol saja.
                                   Ngobrol aja.

In the West we often ask someone home for "a drink." The Indonesian
equivalent is an invitation "to talk."

It's boring here, let's go.   Membosakan, pegi yuk.
                                   Bosan. Gi, yuk.

GETTING SERIOUS

I want to know more about you.	Aku ingin tahu lebih banyak tentang anda.
	Aku ingin lebih kenal denganmu.
Shall we meet again?	Bisa kita ketemu lagi?
When can I see you again?	Kapan saya bisa ketemu anda lagi?
	Kapan aku bisa ketemu lagi?
Can I call you?	Boleh saya call?
	Boleh saya telefon?
	Boleh aku telpon?
Can I email you?	Boleh saya imel?
	Aku imel kamu, ya?
Here's my phone number.	Ini nomor telefon saya.
	Ini nomer telponku.
Here's my email address.	Ini alamat imel saya.
	Ini alamat imelku.
What is your number?	Berapa (brapa) nomor telefon anda?
	Berapa nomor telponmu?

What is your email address?	Apa alamat imelmu? Apa imelmu?
Will you call me?	Mau telefon saya? Mau call saya?
Will you email me?	Mau imel saya?
It was fun.	Aku senang. Gua senang.
Till we meet again.	Sampai ketemu lagi.

On the Phone

11

Hello.	Halo.
Who is this?	Dari siapa? Siapa ini?
It's me, John.	Ini saya, John. Ini aku, John. Ini gua, John.
What are you doing?	Sedang apa? Lagi apa? Lagi ngapain?
I'm free.	Aku nggak ada acara. Nggak ngapa-ngapain.

Are you free?

Kamu nggak ada acara?
Lu nganggur?*

* Literally, "Are you unemployed?"

Where are you?

Dimana anda?
Dimana kamu?

I am at home.

Aku di rumah.
Di rumah aja.

**Shall we meet/
    Do you want to meet?**
Literally, "Can we meet?"

Bisa ketemu?

Do you want to go out?

Kamu mau keluar?
Mo keluar?

**Do you want to go to
    the movie?**

Kamu mau nonton?
Lu mau nonton film?
Mo ke biskop?

**Do you want to go for
    a walk?**

Kamu mau jalan-jalan?
Mau jalan-jalan?

I want to see you.

Saya mau ketemu kamu.
Aku mau ketemu.
Gua mau ketemu.

I'll call you tomorrow.	Saya telefon lagi besok. Aku call lagi besok. Gua telpon lagi besok.
Bye!	Dah!* Bye!

* From the Dutch *dag* ("Have a nice day"). This term is used by women and by men addressing women, but is rarely used among men.

Wait for me.	Tungguin gua.
Don't cry!	Jangan nangis!
Wipe your tears.	Hapus air matamu.

I can't stand it!	Gua nggak tahan!
I can't live without you.	Gua nggak bisa hidup tanpa lu.
I'll be lonely.	Gua bakal kesepian.
I'll be lonely too.	Gua juga bakal kesepian.

Lovers' Language 12

In Indonesia, having sex before marriage is still considered taboo although more and more people are doing it at the moment.

I'm crazy about you!

Aku tergila-gila olehmu!
Aku tergila-gila dengan kamu!

I'm madly in love with you!

Aku bener-bener cinta denganmu!

I'm yours.

Aku milikmu.

You're mine.

Kamu milikmu.

You're beautiful.

Kamu cantik.

You're good-looking.

Kamu cakep.

You're very attractive.

Kamu sangat menarik.

You're sexy.	Kamu sexy.
your eyes	matamu
your lips	bibirmu
your teeth	gigimu
your legs	kakimu
... are beautiful.	... bagus.
Your nose is beautiful.	Hidungmu bagus.
You have a beautiful body.	Badanmu bagus.
You smell very nice.	Kamu harum sekali. Kamu wangi banget.
Can I kiss you?	Boleh kucium kamu? Boleh sun?
Kiss me!	Cium aku, dong! Sun aku, dong!
You're my girlfriend.	Kamu cewekku.
You're my boyfriend.	Kamu cowokku. Kamu minumnya kuat!
Do you want to sleep with me?	Mau tidur dengan saya? Mau kuajak tidur? Mau begituan?
I'm embarrassed.	Aku malu.
Don't be shy.	Jangan malu-malu.
Close your eyes.	Tutup matamu.

Turn off the light.
Literally, "Kill the light."

Matikan lampu.

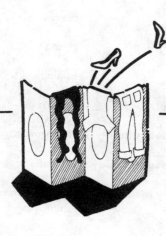

IN BED

Is this your first time?

Ini yang pertama?

Of course not!

Nggak!

I am still a virgin.

Aku masih perawan.*
Aku masih gadis.*
Aku masih bujang.**
Aku masih jaka.**

* For women. ** For men.

Tell me the truth.

Katakan secara terus terang.
Katakan terus terang.

Be honest.

Jujurlah.
Yang jujur.

I'm frightened.

Aku takut.

Don't worry.	Jangan kuatir.
I'll be gentle/ I'll be careful.	Aku bakal hati-hati.
I want to hold your hand.	Aku mau memegang tanganmu.
You're manly.	Kamu jantan.
I'm afraid I'll get pregnant. Literally, "I fear pregnancy."	Aku takut hamil.

**Use a condom!
I don't like to wear
   a condom.**
	Pakailah kondom!
	Aku nggak suka pakai
	   kondom.

**If you don't wear a
   condom, I won't do it!**
	Kalau kamu nggak mau pakai
	   kondom, aku nggak mau!

You have to wear a condom.	Kamu harus pakai kondom.
Okay, I'll wear a condom.	Oke, saya pakai kondom.
I like kissing you.	Aku suka menciummu.
Your lips are soft.	Bibirmu lembut.
Your lips are manly.	Bibirmu jantan.
Look into my eyes.	Pandanglah mataku.
Hug me!	Peluklah aku!
Take off ...	Bukalah ...
your clothes	bajumu

you shirt/top	atasanmu
your jeans	jeansmu
your shoes	sepatumu
your socks	kaos-kakimu
your underwear	celana dalammu
your bra	behamu

This is from the Dutch word *beha* (the initials BH are short for *bustehouder*, "breast holders").

I'm cold.	Aku kedinginan.
Make me warm.	Hangatkan badanku.
Come closer to me.	Dekat-dekatlah padaku.
That tickles!	Aku geli!
	Geli!

I'm getting turned on!	Aku bernafsu!
	Aku kepingin.
I'm wet.	Aku basah.

I'm having an erection.	Aku ngaceng.
I want to see ...	Aku mau lihat ...
I want to touch ...	Aku mau pegang ...
I want to suck ...	Aku mau hisap ...

your thing	barangmu anumu
your breasts	susumu tetekmu toketmu
your pussy	memekmu nonokmu
your pubic hair	bulu pelermu* jembutmu**

* For men. ** For women.

your dick	pelirmu pelermu

your balls	bolamu
your chest hair	bulu dadamu
your nipples	puting susumu pentilmu
your clit	kelentitmu itilmu
your knees	lututmu
your toes	jari kakimu

More, more!	Lagi, lagi!
Deeper!	Yang dalam!
Oh, it feels so good! Literally, "Oh, delicious!"	Oh, enak!
Touch me!	Sentuhlah aku!
Bite me!	Gigitlah aku!

Faster!	Cepatkan!
Slow down!	Pelan-pelan (*plan-plan*)!
I'm coming, I'm coming!	Aku klimaks, aku klimaks!* Aku keluar, aku keluar! **

* For both men and women. Literally, "I am climax, I am climax!"
** For men. Literally, "I'm leaving, I'm leaving!"

Oh, I haven't come yet.	Ah, aku belum klimaks.
Oh, that was very delicious!	Oh, enak sekali!

The Other Side   13

I want to be your wife.	Aku mau menjadi istrimu.
I want to be your husband.	Aku mau menjadi suamimu.

Will you marry me?	Mau nikah denganku? Mau kawin denganku?
I don't want to get married yet.	Aku belum mau nikah. Aku belum mo kawin.
I'm too young.	Aku terlalu muda.
I already have a husband.	Aku sudah punya suami.
I already have a wife.	Aku sudah punya istri.

I love you, but I can't become your wife/ husband.	Aku cinta padamu, tapi nggak bisa menjadi istrimu/ suamimu.
I need time to think.	Aku perlu waktu untuk berfikir (berpikir).
This is so sudden!	Kok (*ko*) tiba-tiba.
We must think about this.	Kita harus pikirkan.
Do you want to come to ... with me?	Mau ikut ke ... denganku?
America	Amerika
England	Inggris
Japan	Jepang
China	Cina
Australia	Australia

Europe	Eropa
Germany	Jerman
France	Perancis
I don't want to come with you.	Aku nggak mau ikut denganmu.
	Aku nggak mo ikut kamu.
I want to stay in Jakarta!	Aku mau tinggal di Jakarta!

IT'S OVER

It's over between us.	Kita sudah putus.
I hate you!	Aku benci kamu!
	Gua sebel ama lu!
I really hate you!	Gua benci abis ama lu!
I don't want to see you again!	Aku nggak mau melihatmu lagi.
	Gua nggak sudi melihatmu lagi.
Don't call me again.	Jangan panggil-panggil lagi.
Get lost!	Pegi!
Don't be persistent!	Jangan ngotot!

I don't love you anymore.	Aku nggak cinta kamu lagi.
You're boring.	Kamu ngebosenin. Lu ngebosenin.
Stop bothering me.	Jangan ganggu aku lagi. Jangan ganggu gua lagi.
Do you have another lover?	Kamu punya pacar lagi? Lu pacaran lagi?
Are you having an affair?	Kamu punya simpanan?
Are you having an affair (with another woman)?	Lu punya sepia?
It's my fault.	Itu salahku. Salah gua.
Can't we start again?	Mau coba lagi?
I can't live without you.	Aku nggak bisa hidup tanpa kamu. Gua nggak bisa hidup tanpa lu.

Please understand me! Mengertilah aku!
Lu mesti ngerti gua dong!*

* Literally, "You should understand me!"

I'll never forget you. Aku nggak akan melupakan kamu.
Gua nggak bakal lupa lu.

Thank you for everything. Terima kasih untuk segalanya.
Makasih segalanya.

Can we still be friends? Masih bisa berteman?

I will always love you. Aku akan selalu sayang kamu.
Gua bakal selalu demen ama lu.

GOING HOME

I miss you. Gua kehilangan kamu.
Gua kangen kamu.

I will always think about you. Gua mikirin lu terus.

I love you. Aku sayang kamu.
Gua sayang lu.

I'll call you from New York.	Aku akan telefon dari New York. Gua bakal telpon dari New York.
I'll email you from Singapore.	Gua imel dari Singapore.
I'll call you when I get back home.	Gua call lagi waktu pulang nanti. Gua telpon lagi kalo pulang nanti.
I'll be back soon.	Aku akan segera pulang. Gua bakal cepat balik.
I'll call you when I come back.	Aku call lagi waktu kembali. Gua telpon kalo balik nanti.
Do you have to go?	Lu mesti pegi?
Why do you have to go?	Kenapa lu mesti pegi?
Please don't go!	Jangan pegi!
Stay here with me!	Tinggal di sini denganku!

I have to go.	Gua mesti pegi.
Try to understand.	Mengertilah.
Take care of your health.	Jaga kesehatanmu.
Wait for me.	Tungguin gua.
Don't cry!	Jangan nangis!
Wipe your tears.	Hapus air matamu.
I can't stand it!	Gua nggak tahan!
I can't live without you.	Gua nggak bisa hidup tanpa lu.
I'll be lonely.	Gua bakal kesepian.
I'll be lonely too.	Gua juga bakal kesepian.